Heike Frank

Weißt du, wie wertvoll du bist?

EHP

Kompakt

Die Autorin

Heike Frank, geb. 1960; Gestalttherapeutin DVG, Supervisorin DVG, Lehrtherapeutin, Pädagogin/Gymnasiallehrerin und Musikerin, HP Psychotherapie; Zusatzausbildungen in systemischer Selbstintegration (Familienaufstellungen), Coaching und Körpertherapie (S. Walch); umfangreiche berufliche Erfahrung in psychosomatischer Klinik, Jugendhilfe, Schule und als Referentin im Bereich Lehrergesundheit und Burn-Out-Prophylaxe; Leiterin des Schulprojekts ›Wertehaus‹; Autorin (*Lehrer am Limit*, 2010); zahlreiche Angebote (Einzel- und Paartherapie, Aufstellungen, Gruppen und Fortbildungen) in ihrer Praxis in Lauterbach im Vogelsberg.
www.heike-frank-gestalttherapie.de

Heike Frank

Weißt du, wie wertvoll du bist?

Mehr Selbstfürsorge und Lebenszufriedenheit im Hier-und-Jetzt

– EHP 2018 –

www.ehp-verlag.de

Bibliografische Information der Deutschen Nationalbibliothek
Die Deutsche Nationalbibliothek verzeichnet diese Publikation in der Deutschen Nationalbibliografie; detaillierte bibliografische Daten sind im Internet über http://dnb.d-nb.de abrufbar.

Dieses Buch ist auch als E-Book erhältlich

Entwurf des Umschlags und Bildmontage: Uwe Giese
– unter Verwendung eines Fotos von Horst Hundemer –
Portraitfoto der Autorin von Steffi Wittich (Merci Photography Alsfeld)

Satz: MarktTransparenz Uwe Giese, Berlin

Gedruckt in der EU

print-ISBN 978-3-89797-304-6
epub-ISBN 978-3-89797-628-3
pdf-ISBN 978-3-89797-629-0

Inhalt

Gedanken zum Umgang mit diesem Buch

Es berührt mich immer wieder, wie sehr Menschen sich danach sehnen, gesehen und geachtet zu werden. Dieser tiefe Wunsch treibt viele zu Höchstleistungen an, lässt sie über ihre Grenzen gehen und jedes NEIN vergessen. Bin ich nur wertvoll, wenn ein anderer Mensch mir dies sagt? Muss ich immer funktionieren und leistungsstark sein, um mir einen Platz in der Welt zu verdienen? Wie kann ich meine Würde beschützen, meinen eigenen inneren Raum finden, meine innere Weisheit? Wie bekomme ich überhaupt gesunde Grenzen?

Nicht nur in meiner Praxis erlebe ich liebenswerte und interessante Menschen, die hinter ihrer perfekten und erfolgreichen Fassade Selbstzweifel und Ängste mit sich herumschleppen, nicht wirklich wissen und spüren, wer sie sind und was sie ausmacht oder sich das Recht absprechen, für sich selbst sorgen zu dürfen. Ihre eigenen Bedürfnisse wahrzunehmen und auch ernst zu nehmen, ist ihnen nicht vertraut. Sie sind oft fantastische Helfer – aber wie gehen sie mit sich selbst um? Sie fühlen sich dem Ist-Zustand verpflichtet und spüren gleichzeitig eine nicht fassbare Sehnsucht nach Veränderung. Nach mehr Lebendigkeit.

Leider verlagern viele Menschen ihre Sehnsüchte in die Zukunft, statt in der Gegenwart die Fülle des Lebens zu spüren und das umzusetzen, was aus tiefstem Herzen gelebt werden will. Im Stillen hoffen sie: »Mit einem neuen Partner wird alles besser«, »Wenn ich zehn Kilo leichter bin, dann fange ich wieder an zu leben«, »Wenn die Kinder aus dem Haus sind, dann denke ich an mich«, »Wenn ich in Rente gehe, dann geht mein Leben wirklich los« … Was ist, wenn dieser Moment nicht kommt? Nie zur Gegenwart wird?

Dieses Buch soll dir Lust machen, auf dich selbst zu schauen, dich kennenzulernen oder auch die Beziehung zu dir selbst zu vertiefen, um dadurch an Kraft und Lebensfreude zu gewinnen. Du wirst deine Einzigartigkeit erkennen und hoffentlich auch spüren lernen. Dies ist nicht egozentrisch sondern lebensnotwendig. Je besser deine Beziehung zu dir selbst ist, umso beziehungsfähiger gehst du durch dein Leben.

Therapeutisch würde man für diesen Weg unter anderem die Begriffe Selbstbehauptung, Abgrenzung, Autonomie/innere Freiheit, Awareness, Achtsamkeit und Selbstliebe verwenden. Letztendlich führen diese zu einer Stärkung deiner Resilienz.

Du kannst mit dem Lesen des Buches ganz vernünftig vorne beginnen, du kannst es aber auch an jeder beliebigen Stelle aufschlagen und dort einsteigen. Die Texte berühren ganz verschiedene Themen, unterliegen keiner Reihenfolge, da der Weg zu dir selbst nicht in Kategorien einteilbar ist. Lass dich durch die Inhalte treiben und nimm wahr, was dich anspricht.

Fast allen Texten sind kleine Impulse angehängt, Fragestellungen, die dich zum Nachdenken und Nachspüren einladen. Und zusätzlich findest du noch eine Fülle von kleinen und größeren Übungen, die als Anregungen und Unterstützung dienen, Türen zu deiner inneren Weisheit zu finden, um mit dir selbst, mit deinem Selbst in Berührung zu kommen. Vielleicht hast du direkt Lust, damit zu experimentieren, vielleicht nimmst du dir eine Übung für einen freien Abend oder ein Wochenende vor, um dich mit Zeit und Ruhe auf deine Reise in deine Seele einlassen zu können. Die Meditationen oder Imaginationen könntest du dir auch auf Band oder dein Smartphone sprechen, um sie mit geschlossenen Augen in Ruhe auf dich wirken zu lassen. Oder du lässt sie dir vorlesen. Und nun wünsche ich dir viele bereichernde Impulse beim Lesen.

Ich soll wertvoll sein?

Warum?

Warum gerade ich?
Meinen Wert entdecken …
Wie geht das?

Steht mir das zu?
Ist das nicht egoistisch?

Meinen Wert spüren und beschützen …
das wäre schön.

Aber wie?
Ich bin doch nichts Besonderes.
Oder doch?

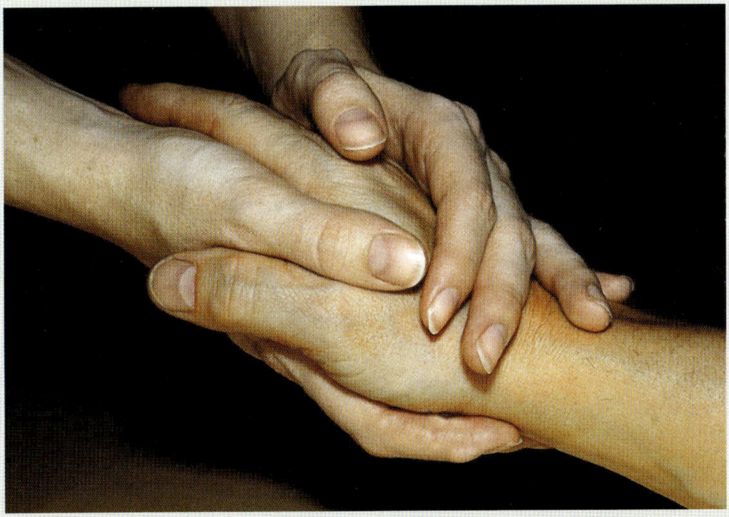

Albrecht E. Arnold / pixelio.de

Leidenschaft

Gleich einem verborgenen Feuer
glimmt die Leidenschaft in dir
dein inneres Seelenfeuer,
das zu lodern beginnt
wenn du zu spüren vermagst,
wofür du brennst.
Der unruhige Junge mit ADS-Diagnose
wird bei Tierbeobachtungen ganz wach und ruhig
harrt stundenlang aus
und träumt nachts davon Tierfotograf zu werden.
Die Malerin, vor einer nackten Leinwand stehend,
wartet auf die Impulse ihrer Seele
folgt und vertraut ihrer Intuition
realisiert erst am Ende des Schöpfungsprozesses
wie viele Stunden sie in Versunkenheit verbrachte.
Oder der humpelnde Mann,
noch geplagt von Schmerzen nach einer Operation,
geht lächelnd durch seinen Garten,
bindet regenverletzte Stauden hoch,
alles geschieht in Zeitlupe
aber sein Herz ist voller Hingabe und Freude dabei.

Zeit und Raum zu vergessen
das innere Feuer zu nähren
die Glut zu entfachen
zu brennen – lichterloh …
Versteckte Türen öffnen sich
weisen dir den Weg zum inneren Reichtum.
Im Fluss sein –
verwurzelt in dir selbst und gleichzeitig
eingebunden und verbunden mit dem großen Ganzen.

Wann vergisst du Zeit und Raum?

Wann fühlst du dich sehr verbunden mit dir und voller Lebendigkeit?

Wann erlebst du das Gegenteil?

wobigrafie / pixelio.de

Hamsterrad

Du bist kostbar
einzigartig
liebenswert,
einfach weil es dich gibt.

Glaubst du das?
Lebst du das?

Oder bist du der Meinung
nur dann etwas wert zu sein,
wenn du viel leistest?

Strengst du dich an, damit man dich mag? Hast du das Gefühl, du musst etwas dafür tun? Du allein könntest nicht reichen?

Nimmst du dich nur wahr, wenn du viel leistest?

Wer sieht dich, einfach weil es dich gibt?

Wen liebst du, ohne dass dieser Mensch etwas dafür leisten muss?

Wie sehr stimmt das Geben und Nehmen in deinen Beziehungen? Ist es ausgeglichen? Oder gibst du immer mehr?

Mitbewohner

Du hast ein Haustier in dir
dein Körper ist sein Revier
es nervt dich häufig mit lautem Gebell
und ist wirklich sehr speziell.
Es ist dein innerer Schweinehund
der gibt dir täglich seine Stimmungen kund,
meist launisch, stur und renitent
Gehorchen ist ihm völlig fremd.

Das Vieh übernimmt die Macht über dein Tun
und möchte natürlich sehr häufig ruhn.
Willst du zum Sport
tobt es »das ist Mord«,
probierst du die zwanzigste Diät
lockt es zum Kühlschrank »es ist eh zu spät«.
Erziehen lässt es sich nur schwer
du träumst schon mal von einem Gewehr …

Das Leben ohne Schweinehund ist dir völlig fremd,
er kennt dich gut, weiß genau, wie er dich hemmt.
Du verlierst manchmal den Glauben an deine Kraft
hast einfach durch ihn zu vieles nicht geschafft.
Aufzugeben ist aber irgendwie auch nicht richtig
das eigene Leben ist doch viel zu wichtig.
Zunehmend kommst du mit dir ins Reine,
das bedeutet für ihn: er muss an die Leine!

Musik

Seelenbalsam
durchströmt alle Fasern des Körpers
von keiner Grenze aufgehalten
umhüllt
ein farbenprächtiger Mantel
Klänge und Schwingungen
tragen, halten, bewegen, erweichen,
berühren, streicheln, ermutigen, erwecken,
wühlen auf
und rühren zu Tränen.

Welche Musik ist dir wichtig?

Welche trägt dich in Momenten der Traurigkeit?

Welche Musik verstärkt oder weckt deine Lebensfreude?

Mit welcher Musik verbindest du wichtige Erinnerungen?

Spielst du ein Instrument?

Übung I – Meine Musik

Vielleicht hörst du beim Lesen dieser Worte bereits Musik: dann nimm sie bewusst wahr. Lasse sie auf dich wirken, atme sie ein, spüre sie und erlebe deine körperliche Resonanz …

Kommst du aus der Stille, so finde jetzt im Moment die Musik, die deine Seele berührt, die den Kontakt zu dir selbst verstärkt … höre … genieße … und spüre, wie dein Leib (Körper und Seele) schwingt … ob mit oder ohne sichtbare Bewegung.

Horst Hundemer

Ausgebrannt – eine wahre Geschichte

Eigentlich hatte er immer nur gearbeitet
über Jahre
zum Erfolg der Firma beigetragen.
Er verhandelte weltweit,
mit Deutschland tagsüber,
mit den USA, mit China nachts
oder am Wochenende.
Die Verantwortung und die Aufgaben machten ihm lange Spaß.
Dass er von Zuhause auch arbeiten konnte
erleichterte es sogar,
das uferlose Pensum zu bewältigen.
Höchstens zum Essen klappte er den Laptop zu.

Auf einmal ging nichts mehr!
Jetzt ist er 50
Auszeit in einer Klinik.

Dort wacht er auf.
Wacht auf in seinem leeren Leben
ohne stabile Beziehungen
ohne Kinder
kaum Kontakt zu Eltern und Geschwistern
keine Hobbys.
Er besteht zu hundert Prozent aus Arbeit
gab alles der Firma.
Und diese kündigt ihm trotzdem.

Grenzenloses Funktionieren ist selbstverständlich
Krankheit unerwünscht.

Wie kann er leben mit dieser Veränderung?
Mit dieser Leere?
Nichtstun, einfach nur da zu sein,
löst größte Unruhe aus, ist kaum auszuhalten.

Die innere Verlangsamung ängstigt ihn
u n d birgt auch die Chance
seiner Leere zu begegnen,
sie mit Leben zu füllen,
mit der Zeit.
Viel Zeit!
Auf einmal erkennt er:
Mein Leben ist endlich,
kostbar,
vielleicht lebe ich noch 30 Jahre,
vielleicht noch ein Jahr.
Will ich sterben und
mir selbst nie begegnet sein?

Wie sehr fühlst du dich in Balance?

Definierst du dich ausschließlich über deine Arbeit?

In vielen Berufen nimmt die Gefahr der Selbstüberforderung zu. Manche Menschen sind sogar gerne bereit, alles für ihren Arbeitsplatz zu tun. Dadurch ist die Gefahr der chronischen Erschöpfung groß.

Meldest du dich aus Rücksicht auf Kolleginnen und Kollegen nicht krank, selbst wenn es dir sehr schlecht geht? Stellst du das Wohl der Anderen über deins?

Wie sehr hat Leistungsdruck deine Kindheit bestimmt? Bist du dir deines Selbst-Wertes bewusst? Oder hast du eher das Gefühl, an Selbstwert nur über deine Arbeit zu gewinnen?

Fühlst du dich wertvoll, auch wenn du nichts leistest? »Ich werde nur gesehen, wenn ich etwas leiste« – wie sehr findest du dich darin wieder?

Kannst du gut auf dich aufpassen? Für dich sorgen? Das betrifft auch die Grundbedürfnisse: genug zu essen, zu trinken, zu schlafen, auch in Belastungsphasen. Machst du das? Wo machst du als erstes Abstriche?

Traust du dich Nein zu sagen?

Übung II – Krafttier

Stell dir vor, zu dir gehört ein Krafttier, ein wildes Tier, das dich schützt und deine eigenen Kräfte verstärkt. Wilde Tiere sind es gewohnt, täglich um ihr Leben zu kämpfen und ihr Leben zu beschützen.

Welches Tier hilft dir, auf dich aufzupassen, dich zu verteidigen und dich zu behaupten? Lass dir Zeit, bis es klar vor deinem inneren Auge auftaucht … vielleicht ist es ein Bär, ein Wolf oder eine Löwin … nimm das Tier, das als erstes in dir auftaucht und mach dir bewusst, welche besonderen Kräfte es auszeichnen … Stell dir nun vor, dass dieses Krafttier hinter oder neben dir steht … wie fühlt sich das an? … nimm wahr, dass es dir seine Kräfte ganz selbstverständlich und voller Liebe zu dir zur Verfügung stellt und bereit ist, dich jederzeit zu beschützen. Auch wird es dir signalisieren (vielleicht durch Knurren oder sich an dich drücken …), wenn es wichtig ist, dich zu behaupten …

… wie geht es dir mit diesen inneren Bildern … wie fühlt es sich an … gehe zusammen mit deinem nur für dich sichtbaren Krafttier durch deinen Alltag und erlebe neugierig, was passiert…

Mach mal …

Therapie!

Psychotherapie ist nichts für mich
allein der Vorschlag geht mir völlig gegen den Strich.
Ich brauch doch keine Therapie
bin selbstverständlich gesund wie nie
kenn mich in meinem Leben bestens aus
also halt du dich da gefälligst raus.
Wenn überhaupt hast du die Macken,
in meiner Krone fehlen keine Zacken.

Wie denkst du über Psychotherapie?

Falls du Vorbehalte hast: wie kommt es dazu?

Was könnte dein Umfeld denken, wenn du therapeutische Hilfe in Anspruch nehmen würdest?

Wie wichtig ist dir, was Andere von dir denken?

Inwiefern hast du Therapie als große Bereicherung erlebt?

Tanzen

Musik pulsiert in jeder Pore
zuckende Füße lechzen nach Bewegung
Tanzen, Springen, Lachen, Seufzen
der Körper weiß,
was er ausdrücken will,
ungebremst.
Alle Fasern klingen und vibrieren
Vernunft und Gedanken verflüchtigen sich
bekommen keinen Raum –
alles zulassen,
dich verlieren
Der pure Augenblick!

RichLegg (istockfoto)

Welche Musik bringt dich in Bewegung, bringt dich zum Tanzen?

Selbstlos

Tausende Jahre von Frauengenerationen
trage ich in mir.
Mein modernes, freies Leben wird infiltriert
von alten zeitlosen Vorstellungen
vermeintlich sinnerfüllten Frauenlebens:
Kümmer dich um andere!
Sei hilfsbereit!
Nimm dich nicht so wichtig!

Will ich weiter NEIN zu mir selbst sagen?
Irgendwann mit Verbitterung
auf das eigene ungelebte Leben schauen,
das nur Fülle erhielt
durch das Kreisen um andere
und durch die Verdrängung
ureigener Lebensvorstellungen und Sehnsüchte.

Was ist es für ein tiefes Glück,
den eigenen Seelenraum zu entdecken,
die eigene Würde.
Die Kostbarkeit des Lebens zu erfassen
durch Freischaufeln des mir bestimmten Weges.
Einige Steine früherer Generationen
als Teil des eigenen Fundamentes anzuerkennen,

andere aber achtsam und respektvoll beiseite zu räumen,
um als Folge Platz zu schaffen
für die einzigartige Herzensstimme
und tiefe innere Weisheit –
die so notwendigen Kraftquellen,
um das eigene Dasein
mit Leben füllen zu können,
statt in Selbstlosigkeit zu verbittern.

Heike Frank

Du bist verantwortungsbewusst, vielleicht eine Helferin / ein Helfer, siehst Not, tröstest, beschützt, bist empathisch, wertschätzend, freundlich und liebevoll im Umgang mit Anderen.

Wie sehr ist es dir vertraut,
dich selbst zu trösten, dich zu beschützen,
empathisch, wertschätzend und liebevoll mit dir selbst umzugehen?

Wie sehr bist du dir selbst eine gute Freundin, ein guter Freund?

Stell dir vor, du hättest zehn Antennen auf deinem Kopf, empfindsame Fühler, die ganz viel wahrnehmen können. Wie viele dieser Fühler zeigen auf andere Menschen, wie viele zeigen auf dich selbst?

Marita und Horst Hundemer

Übung III – Mein Kraftbaum

Schließe die Augen und mache ein paar tiefe Atemzüge … spüre, wie sich dein Tempo verlangsamt … und nun stelle dir einen wunderschönen, kraftvollen Baum vor … sobald er vor deinem inneren Auge auftaucht, schaue ihn dir in Ruhe an … gehe nun immer näher auf den Baum zu, bis du dicht vor ihm stehst … atme den Geruch der Blätter ein, der Rinde, höre die Vögel in seinen Zweigen … spüre, wie es sich anfühlt, so dicht vor ihm zu stehen … und dann stell dir vor, dass du mit dem Baum verschmilzt. Vielleicht legst du die Arme um seinen Stamm, lehnst dich dagegen, vielleicht wirst du Eins mit ihm, verschmilzt mit dem Stamm und langsam mit dem ganzen Baum … lass es zu, dass sich seine sturmerprobte und weise Naturkraft in dir verteilt, mit jedem Einatmen … spüre nun die Kraft deiner Wurzeln, wie stabil du auf dem Boden stehst … geerdet … spüre dein Rückgrat … lass deinen Atem durch deinen ganzen Körper fließen … bewege dich sanft mit dem Wind … und öffne dein Herz … lass die Baumkraft mit dir verschmelzen … und deine Herzenskraft, deine Liebe mit dem Baum und damit mit dir selbst …

Wandlungen

Loslassen – Teil des Lebens
befreiend und häufig schmerzhaft.
Eine Stelle aufzugeben
umzuziehen
einen Menschen zu verlieren
den unerfüllten Kinderwunsch zu verabschieden
das vertraute Bild von Familie nach der Scheidung
aufzugeben
den Irrglauben zu erkennen, das Leben perfekt
optimieren zu können
den unmenschlichen Anspruch loszulassen,
grenzenlos leistungsfähig zu sein …

Pläne, Lebensträume aufzugeben
lösen wichtige Krisenzeiten aus.
Etwas stirbt
Neues wächst daraus hervor
wenn ich vertraue
und mir Zeit gebe.

Wandlungen
hervorgerufen durch mich selbst
oder unkontrollierbar eingebrochen in mein Leben
gleich einem Fieber.
Sie fordern mich heraus
daran zu wachsen.

An welchen Krisen bist du gewachsen?

Was hast du losgelassen in deinem Leben?

Hast du es als Verzicht erlebt oder auch als Befreiung?

Hältst du dir gerne viele Türen offen? Wenn ja, wie fühlt sich das an? Was passiert, wenn du eine Tür zumachst?

Übung IV – Bild der Wandlung

Erinnere dich an eine dir wichtige Lebensveränderung. Male zwei Bilder: eines, das dein Leben vor der Krise widerspiegelt und eines, das die Zeit nach der Krise darstellt. Bremse dich nicht aus durch einen künstlerischen Anspruch, sondern lasse dich von deiner Neugier und der Intuition deiner Hände leiten.

Statt zu malen kannst du auch mit Ton oder Stein arbeiten oder Musik finden, die die Lebensveränderung ausdrückt.

Jahreswechsel

Die nicht enden wollende
uns umhüllende winterliche Dunkelheit
bringt uns zum Jahreswechsel
in Berührung mit der schmelzenden Lebenszeit
dem stetig wachsenden Berg der Vergangenheit.

Gerade die so geliebten Weihnachtstage
bringen frühe Kindheitserinnerungen zurück,
ungelebte oder gelebte Träume von Familienglück
und stellen aufs Neue Ziele und Lebenseinstellungen
infrage.

Ausgeliefert der unbekannten
sich nähernden eigenen Lebensgrenze
begrüßen wir das neue Jahr
mit sehnsuchtsvollen und wilden Tänzen
spüren erwachende Lebensgeister
voller Neugier, Hoffnung und Lust,
die gleich Samenkörnern explodieren
nach Leben gieren
mein klopfendes Herz berühren.
Sie verdrängen den Schmerz über den Verlust
durchwirbeln alte Sicherheit
erfüllen mich mit neuem Gefühl von Lebendigkeit.

Ich genieße das Beben
lache
weine
werde ganz still
und tanze weiter mein Leben.

Übung V – Anregungen zum Jahreswechsel:

Male deine Füße auf zwei große Blätter.

Stelle dich nun in die Konturen und spüre, mit welchem Fuß du in die Zukunft gehst und welcher Fuß im Jetzt ist oder der Vergangenheit verbunden ist. Beginne dann mit diesem Blatt (zu Ende gehendes Jahr) und schreibe/male in den Fuß: Was hat dir das Jahr, das zu Ende geht, gebracht? Was waren wichtige Erlebnisse und Erfahrungen? Aber auch: Was lässt du los? Was nimmst du nicht mit ins kommende Jahr?

Für den anderen Fuß/Zukunft (das kommende Jahr): Welche Sehnsüchte und Ziele verbindest du mit dem neuen Jahr? Was nimmst du bewusst mit aus dem alten Jahr?

Wenn du jedem Jahr (dem vergangenen und dem neuen Jahr) eine Überschrift geben würdest, welche fallen dir ein?

Wenn du magst, schreibe alles, was du loslassen möchtest, auf extra Zettel und verbrenne sie.

Heimat

Wie unterschiedlich beschreiben Menschen ihre Heimat. Viele wissen, wo sie hingehören, spüren ganz selbstverständlich ihre Wurzeln. Andere sind lebenslang auf der Suche. Drei Beispiele:

Mich berührt der schwer arbeitende griechische Bauer in den Bergen, der nichts anderes kennt als seine Region, der beim Beschreiben seines Tuns und Lebens strahlt und nie auf die Idee kam, etwas anderes zu wollen. Er fühlt sich zuhause in der Nachfolge seines Vaters und Großvaters, weiß, wo er sterben wird. Erfüllt, zufrieden, trotz großer Lebenshärte, akzeptiert er seinen Platz, möchte keinen anderen haben.

Mich berührt mein Vater, vertrieben, gezwungen, als Jugendlicher neu Fuß zu fassen, seine sehr geliebte Heimat loslassen zu müssen. Zwar fand er mit den Jahren neuen Halt, verwurzelte sich in Arbeit, Garten, Familie, seiner Korrektheit und am tiefsten in der Musik, blieb aber immer erfüllt von Sehnsucht nach dem Verlorenen. Aus dem Paradies gefallen, früh erwachsen geworden, Hand in Hand mit einer stillen Melancholie als steter Begleiterin.

Mich berührt der erwachsene »Kriegsenkel«, der Umziehen, Beziehungsveränderungen, Weitergehen als Notwendigkeit und Kraftzuwachs erlebt, in keinem Ort, in keiner Beziehung lange zuhause ist, mutig neue Schritte geht und geht und geht und geht … Setzt er vielleicht unbewusst das Flüchtlingsschicksal mancher Vorfahren fort?

Was ist Heimat für dich?

Wo bist du verwurzelt?

Fühlst du dich verwurzelt?

Falls nicht: was alles hält und trägt dich stattdessen?

Bernd Kasper / pixelio.de

Tod und Leben

Der Tod beschäftigt mich
weckt Ängste
meine Verletzlichkeit wird mir bewusster.
Um mich herum sehe ich
Krankheit, Leiden, Alter, Tod
aber auch
Lebenslust, Liebe, kindliche Freude
Glück, Erfüllung im Tun und Sein.

Wie kann beides da sein?
Vielleicht sogar gleichzeitig?

Im Wissen um die Endlichkeit
spüre ich täglich mehr
die Kostbarkeit meines Lebens.
Jeder Altersring erhöht die Intensität.

Wie paradox: in der äußerlichen Begrenzung
wächst die innere Weite,
berührt, trägt
und macht Hoffnung
auf einen guten Übergang
wenn die Zeit gekommen ist
für den letzten Lebensschritt.

Wie gehst du mit dem Wissen um deine Endlichkeit um?

Damit du auf ein erfülltes Leben zurückschauen kannst: was möchtest du noch alles erleben? Was sind deine Herzenswünsche?

Was möchtest du lassen oder verändern?

Hast du dir Verbote auferlegt, die dich in deiner Lebensfülle eigentlich behindern?

Horst Hundemer

Wellentanz – wer setzt sich durch?

Der große Tanker sprach zum kleinen Segelboot:
bei deinem Tempo komme ich in große Not
nervst mich mit deiner Wendigkeit
bist laufend zum Richtungswechsel bereit.

Mal bist du hier, mal bist du da
sagst heute nein und morgen ja
tanzt mir vor der Nase rum
bist kreativ, hast schon auch Mumm.

Dein So-Sein setzt mir ziemlich zu
du gibst mit Veränderungen einfach keine Ruh.
Beständigkeit ist mir doch ganz wichtig
Neues ist nicht immer richtig.

Deine Schnelligkeit haut mich manchmal um
fühle mich behäbig und häufig auch dumm,
ich brauch für alles wirklich viel mehr Zeit
bin halt so und zu nichts anderem bereit.

Das Segelboot stöhnt voller Wut:
wenn nur ich mich ändern soll, geht's mir nicht gut.
Du zwingst mich, mich dir anzupassen
meins aufzugeben, mich selbst zu verlassen.
Deins allein hat Bestand,
gleich einer dicken Wand!
Beziehung kann so nicht gelingen,
lass uns um neue Wege ringen.
Denn ich will mit dir durch's Leben schippern
am liebsten täglich mit dir flittern.
Die Unterschiedlichkeit hat uns doch angezogen,
wollen wir symbiotische Spiegelbilder? Das wär gelogen!

Das Segelboot tanzt um den Tanker herum
dieser lacht, bleibt aber ansonsten noch stumm.
Sie erleben die Liebe als großes Geschenk
und hören endlich auf mit dem Gezänk.
Beide haben Sehnsucht, sich zu arrangieren
statt Machtkampf anders und neu zu kommunizieren.
Nicht nur im Tempo sind sie sehr verschieden
können sich aber nicht einfach verändern nach Belieben.
Die Suche nach neuen Wegen lässt beide sehr hoffen,
für erste Schritte sind sie nun vielleicht offen.

In welchem Tempo bist du in deinen Beziehungen unterwegs?

Kennst du es, schneller oder langsamer zu sein als deine Partnerin / dein Partner?

Wie gehst du damit um? Welche Vorteile, welche Nachteile hat dein Tempo?

Martin Fochler

Übung VI – Annäherung als Paar

Vielleicht lebst du erst seit kurzem in einer Beziehung, vielleicht verbinden dich mit deinem Partner / deiner Partnerin schon viele Jahre des gemeinsamen Lebens, voller Erinnerungen und Erfahrungen. Lasse nun die Zeit dieser Beziehung vor deinem inneren Auge vorbeigleiten und schaue dir die gemeinsame Zeit an:
Wodurch tue ich meiner Beziehung Gutes?
Wie stärke ich sie?
Wie schwäche oder sabotiere ich sie?

Was nehme ich also an Verhaltensweisen und Haltungen bei mir selbst wahr. Und wie erlebe ich meinen Partner / meine Partnerin bezogen auf diese Fragen. Schaue dir einfach neugierig an, was dir besonders auffällt.

Und zusätzlich: Was schätze ich an mir?
Was schätze ich an meinem Partner / meiner Partnerin?

Schön und hilfreich wäre es, wenn dein Partner / deine Partnerin auch Lust hätte, sich mit diesen Fragen zu befassen. Tauscht euch dann gemeinsam darüber aus. Achtet darauf, neugierig und wertschätzend den Eindrücken des / der Anderen gegenüber zu bleiben, selbst wenn ihr sehr unterschiedliche Wahrnehmungen habt. Tauchen große Unstimmigkeiten auf, d. h., werden vielleicht chronisch vorhandene Unzufriedenheiten sicht- und spürbar, habt ihr sozusagen vieles »unter den Teppich gekehrt«, nutzt die Unterstützung einer Paartherapie.

Beginnt rechtzeitig.

Perfekte Fassade

Seit Jahren rennt sie vor sich weg
füllt jede Minute mit Pflichten
will unbedingt gut sein
lernt grenzenlos für ihr Studium
zwingt sich zu täglichem Sport
perfektes Studium
perfekter Körper
perfekte Partnerin
»Ich will alles perfekt machen«
Ihre Wohnung blitzt vor Sauberkeit
Ordnung bis in die hinterste Schublade
Kontrolle über jeden Staubfussel,
jeden Pickel und jede Kalorie.
Schließt sie mal zu lange die Augen
erschrickt sie vor der inneren Leere.

Wenn dein Leben so weiterginge, wie es jetzt im Moment ist, wie fühlt sich das an?

Kannst du dein Leben, dich selbst, fühlen? Willst du es?

Wie geht es dir mit Veränderungen? Wecken sie Energie oder machen sie Angst?

Wo oder wann spürst du Lust auf Veränderung? Was will sich verändern?

lichtkunst.73 / pixelio.de

Übung VII – Meine Hände

Male behutsam die Umrisse deiner Hände auf Papier. Schaue nun auf die Konturen und dann auf deine Hände. Sieh genau hin, auf die Linien in deiner Haut ... die Hautbeschaffenheit ... die Farben ... die Form der Nägel ... sieh die Spuren, die der Alltag in deinen Händen hinterlässt ... nimm die Wärme oder Kälte deiner Finger wahr ... und erkenne die Einzigartigkeit deiner Hände. Deine Fingerabdrücke gibt es nur einmal auf der ganzen Welt, ebenso die Linien in deinen Handflächen ... wie geht es dir damit? ... berühre nun deine Hände, streichle vorsichtig mit den Fingerspitzen über deine Haut ... oder fahre einfach die Linien nach ... spüre die Wärme ... vielleicht nimmst du Schmerzen wahr oder siehst kleine Hautverletzungen oder eine alte Narbe ... versuche, mit einem liebevollen Blick auf deine Hände zu schauen und sie so zu berühren, dass du ihre Bedeutung und Kostbarkeit spürst ... es sind deine Hände ... sie sind nicht selbstverständlich ... lass dich durch dein Leben treiben und erinnere dich: was haben sie schon alles bewältigt ... was haben sie getragen ... was haben sie voller Liebe berührt ... wofür bist du ihnen dankbar? ...

Wenn du magst, schreibe oder male nun alle deine Eindrücke und Erfahrungen in die Konturen deiner Hände-Bilder.

Kenne ich dich?

Verborgen lebt in manches Menschen Tiefe
eine sehr verletzte Kinderseele,
allein und unverstanden.

Der Erwachsene,
den Kindheitsalpträumen entronnen,
schiebt früher Erlebtes weit von sich
vergisst, verdrängt
verkapselt die Vergangenheit
um gegenwärtig sein zu können.
Zu überleben ist nicht selbstverständlich.

Doch mit jedem Altersring durchfluten dich
zunehmend
Gefühle von Einsamkeit, Angst, Verlorenheit,
von altem kindlichen Schmerz.
Du spürst die unerfüllte Sehnsucht des Kindes
nach Geborgenheit,
Liebe, Gesehen werden
oder sein tägliches hilfloses Wüten über den
Ist-Zustand.

Die Befürchtung wächst und wächst
der innere Staudamm könnte einstürzen
dich überfluten und hinweg reißen.
Der Kinderseele begegnen zu können
löst Ängste aus.

Aber macht es Sinn
dich abzuwenden
von dir selbst?
Von dem Kind, das in dir wohnt,
wenn auch vielleicht hinter dicken Mauern?

Macht es Sinn,
ein Stockwerk des eigenen Seelenhauses zu bewohnen
das Erdgeschoss aber für immer abzuschließen
und nie zu betreten?
Geht das?

Fühlst du dich in manchen Situationen klein und kindlich?

Bist auf einmal aus deinem erwachsenen Ich herausgerutscht und befindest dich mit kindlichen Gefühlen in einer Situation unter Erwachsenen? Und kriegst dadurch viel Stress?

Wie kommst du aus dem »Kleinsein« wieder heraus?

Wann nimmst du dich erwachsen wahr, wann wie ein kleines Kind?

pixplosion / pixelio.de

Übung VIII – Kleine Reise zum inneren Kind

Nimm dir Zeit und suche dir einen ruhigen Ort, an dem du ungestört bist … schließe die Augen und nimm die Ruhe wahr … dein inneres Tempo … nimm alles nur achtsam wahr … bewerte nicht … erwarte nichts … sei einfach da und neugierig auf deine Wahrnehmungen … und dann stell dir vor, das Kind, das du gewesen bist, dieses Kind steht vor deiner Tür … du öffnest ihm … neugierig schaut ihr beide euch an … wie sieht es aus? … wie alt ist es? … welche Stimmung nimmst du bei ihm wahr? … welche Stimmung nimmst du bei dir selbst wahr? … versuche das Kind nicht zu überfordern und dich selbst auch nicht … manchmal kann es sehr aufregend sein, dem eigenen inneren Kind zu begegnen … lass einfach den Anblick des kleinen Mädchens oder des kleinen Jungen auf dich wirken und atme tief durch … hast du einen Impuls, etwas zu tun? … oder etwas zu sagen? … manchmal braucht es noch viel Zeit, um dem Kind in sich begegnen zu können … falls du lieber die Türe schließen möchtest, fällt dir jemand ein, der statt deiner sehr gut für das Kind sorgen könnte? … dies kann ein Schutzengel sein, eine weise liebevolle alte Frau, ein weiser liebevoller alter Mann, ein Mensch, den du als große Kraft erlebst oder ein beschützendes, starkes Krafttier … dann nimm wahr, wie dein inneres Kind von dieser Gestalt direkt umsorgt und beschützt wird … dort ist es gut aufgehoben … und fühlt sich wohl und sicher … wie geht es dir damit … atme tief durch … und lass die Fantasiereise hier ausklingen, wenn der Punkt für dich im Moment stimmt ... falls du das kleine Mädchen/den kleinen Jungen weiter kennenlernen möchtest, dann bleibe noch etwas in dem Bild, dass das Kind vor deiner Türe steht ... hast du eine Idee, wie du mit ihm in Verbindung kommen könntest? ... dann probiere es aus und nimm wahr, wie das Kind reagiert ... falls du keine Idee hast, vielleicht sprichst du es an ... oder setzt dich daneben ... oder bietest dem Kind an, ihm dein Zuhause zu zeigen ... oder vielleicht hast du ein Haustier, das helfen könnte ... erwarte nichts von dir ... setz dich nicht unter Druck ... vielleicht kannst du einfach gemeinsam mit deinem inneren Kind herausfinden, was euch beiden in diesem Moment gut tun könnte ... vielleicht hast du auch ein klares Gefühl, was dieses Kind braucht ... Leichtigkeit? Liebe? Blödsinn machen? Im Wald rumtoben? Sich gewollt fühlen? Die schönen Seiten der Welt entdecken? ... könntest du dir vorstellen, dem Kind zu sagen, dass du dir ab jetzt immer wieder Zeit nehmen wirst, um ihm genau das zu zeigen ... probiere aus, wie es sich anfühlt, wenn du ihm sagst: du gehörst zu meinem Leben ... ab jetzt nehme ich mir Zeit für dich ... was macht das mit dir? ... wie fühlt es sich in deinem Körper an, in Berührung mit deinem inneren Kind gekommen zu sein ... nimm es einfach nur neugierig wahr und mache ein paar tiefe Atemzüge ... spüre wieder, wo du gerade sitzt oder liegst, strecke dich vorsichtig und öffne langsam die Augen.

Katzen

Sie verschwenden keine Gedanken an die Zukunft
leben ohne Groll mit und in dem Hier und Jetzt
rollen und strecken sich in der Sonne
schlafen, spielen, kämpfen,
suchen Futter oder streichelnde Hände
und hören nur,
wenn es ihnen passend erscheint.
Sie machen einfach, was sie wollen,
in großer Freiheit.
Schätzen den Menschen als geliebtes Personal
zeigen ganz selbstverständlich
was sie brauchen und was nicht.
Mit jeder Haarspitze in der Gegenwart.
Grübeleien erschweren nicht das JETZT,
egal, wie beschützt oder bedroht dem Menschen
ein Katzenleben erscheinen mag.

Wie gut kannst du abschalten?

Wie viel freies Katzenleben ist in dir?

Wie gut kannst du dich auf das konzentrieren, was du gerade machst?

Wie ist es jetzt im Moment? Gibt es Nebengleise, auf denen du auch unterwegs bist?

Sofern es zutrifft: was magst du an Katzen?

Martin Fochler

Annäherung an mich selbst

Regale voller Meditationsbücher
und stärkender Texte.
Vertraute Helfer
auf der Suche nach Ruhe
und innerem Ankommen.
Doch statt auf Beruhigung stoße ich auf Ängste,
spüre meinen schnellen Atem,
den unruhigen Puls.
Wo soll ich da ankommen?
Wie geht das überhaupt?
Besser Flucht in Ablenkung und Aktionismus.

Erneute Sehnsucht nach Begegnung mit mir.
Die Momente werden länger.
Fallenlassen in meine Sinne
getragen vom tiefer werdenden Atem.
Wieder registriere ich mit Verwunderung
meinen unruhigen Geist,
der Innehalten, Ruhe
noch nicht aushält,
dem Unruhe vertrauter ist.
Ich bin unzufrieden mit mir
ärgere mich über mich,
wohl wissend,
wie wenig hilfreich diese Gedanken sind
lasse mich aber trotz quälender Wahrnehmungen
weiter auf mich ein,

falle in mich –
gehalten von meiner Lebendigkeit
meinem Atem
meinem Herzschlag.

Für einen Schlag im Jetzt
für einen Atemzug einfach im Atem
bringt mich meinem inneren Zuhause näher und näher.
Ruhe kann einkehren
tiefe innere Weite
in Schwingung versetzt durch meinen Atem.

Übung IX – Kleine Sinnes-Reise

Schließe die Augen oder schaue auf einen Punkt auf deinen Knien (falls du sitzt und es dich zu unruhig macht, die Augen zu schließen) und nimm dein inneres Tempo wahr … bist du im fünften Gang unterwegs, sehr schnell oder eher in einem niedrigeren Gang? … Beobachte dich neugierig und liebevoll. Schiebe alle bewertenden, abwertenden Gedanken beiseite und nimm einfach nur wahr, was im Moment in dir passiert.

Konzentriere dich dann einige Minuten nur auf dein Hören … nimm einfach die Geräusche der Stille wahr … was hörst du alles? …

Konzentriere dich nun auf dein Spüren »nach außen« … vielleicht spürst du den Boden unter dir oder die Rückenlehne des Stuhls, dass deine Füße auf dem Boden stehen, dass eine Hand auf dem Oberschenkel liegt, deine Brille auf der Nase, den Stoff deiner Jeans … nimm alles neugierig wahr …

Konzentriere dich nun auf das, was du *in* deinem Körper alles spürst. Dies können die Atembewegungen sein, dein Herzschlag, ein Grummeln im Magen, Nackenverspannungen, kalte Füße, die Ausdehnung des Bauches beim Einatmen, oder ganz andere Wahrnehmungen … sei neugierig auf dich selbst … entdecke deine innere Welt …

Empfehlung: Wenn es völlig neu für dich ist und dich zu sehr aufregt, dich zu beobachten und zu spüren, dann nehme dir immer wieder ein paar Minuten Zeit, in denen du nur auf die Geräusche deiner Umgebung hörst. Wenn du magst, versuche danach das Spüren »nach außen«, was nimmst du wahr an Verbindung zwischen deiner Haut und der Umgebung. Das schärft deine Sinne im Hier und Jetzt.

Ich liebe mein Leben!

Übung X – Herzens-Berührung

Und du?

Was berührt dein Herz?

Wann geht dein Herz auf?

Welche Erfahrungen möchtest du nicht missen?

Schreibe alles in das Herz …

Mußestunde

Langeweile
Eine lange Weile nichts tun
dich treiben lassen
ohne Ziel
ohne Ergebnis
einfach deinen Sinnen Raum geben
Gedanken kommen und gehen lassen
wie vorbeiziehende Wolken am Himmel.
Da-Sein
tief atmend
vielleicht einschlafen
oder die Augen wandern lassen
ab und zu schließen
den Geräuschen der Stille lauschen
Menschen beobachten.
Mal das Außen wahrnehmen
mal das Innen.
Im Nichtstun ruhen
und dich gerade dadurch
mit neuer Lebendigkeit auftanken.

Gönn dir eine Mußestunde!

Heike Frank

Boden unter den Füßen

Bin ich wirklich aus mehreren Nestern gefallen?
Aus meinem Ehenest,
meinem Elternnest
und bald
aus meinem Stellennest?
Nein –
Mein eigenes
neugeschaffenes Nest
hat die Wände, die mich halten
und den Boden
der mich trägt.

Was gibt dir Halt? Und Wärme?

Wann empfindest du Boden unter den Füßen?

Übung XI – Tankstelle

Kennst du deine Kraftquellen?

Nimm dir eine Stunde oder einen ganzen Tag Zeit und male / schreibe alles auf, was dich stärkt, dir Kraft gibt, dir einfach gut tut.

Was erfüllt dich? Wie fühlt es sich an, wenn du an eine dir wichtige Kraftquelle denkst?

Falls dir wenig oder nichts einfällt, erinnere dich, was dir früher gut tat. Vielleicht spürst du bei einigen Erinnerungen, dass du sie wieder aktivieren und in dein Leben integrieren könntest. Manchmal gibt es alte Hobbys, die eine tiefe Sehnsucht auslösen, wenn man sich an sie erinnert.

Fällt dir auch dazu fast nichts ein, überlege, welche Buchszenen, Filme, SchauspielerInnen, SportlerInnen, Musik etc. dir unter die Haut gehen. Warum gehen sie dir unter die Haut? Welche schlummernden Kräfte werden dadurch vielleicht in dir aufgeweckt?

Schwestern

Ich hab meine Schwester verloren
obwohl wir im selben Haus geboren.
Eigentlich lernten wir uns nie wirklich kennen
auch wenn wir uns Schwestern nennen.

Als kleine Mädchen verbunden in schwierigen Jahren
konnten wir die Beziehung doch nicht bewahren.
Selten waren unsere Lebenswege nah und vertraut
häufig eher durch Unausgesprochenes verbaut.
Du bist Teil meiner Lebensgeschichte
im Innern bin ich voller Liebe und voller Gedichte …
Den Wunsch nach Nähe zu dir loszulassen
war ein großer Schmerz
eine offene Wunde in meinem Herz.

Ich kann es bis heute nicht verstehen
aber ich lasse dich gehen
und schließe die Tür der Hoffnung leise
wünsche dir von Herzen eine gute Reise.

Wen betrachtest du als Familie?

Hast du »Wahlverwandtschaften«?

Marita Hundemer

Gut gestimmt

Kennst du dein ganz persönliches Instrument?
Oder ist dir deine Stimme häufig fremd?
Sie gehört zu dir, sie macht dich aus,
aber ist sie auch in dir zu Haus?

Darf sie in jeden Winkel deines Seins eindringen,
darin Klang entwickeln, auf tiefem Atem schwingen?
Deinem Seelenzustand Ausdruck verleihen
dich von Ängsten und Hemmnissen befreien?

Selbst mit geschlossenen Augen spürt die Hörende
sofort,
ist bei dem, der spricht, die Stimme am richtigen Ort?
Du fühlst dich dann stimmig
mit dir verbunden, ganz innig.

Der ganze Körper summt als Resonanzraum
Die Seele kann darin fliegen
Und du hörst auf dich zu verbiegen.

Wie geht es dir mit deiner Stimme?

Ist sie verbunden mit deinem Körper? Woran merkst du das? Füllt sie dein Körperhaus?

Wann kommst du in deinen »stimmigen« Klangraum? Wie fühlt es sich an, wenn deine Stimme zu dem passt, was du sagen möchtest?

Wie verändert sich deine Stimme, wenn du eher kindlich redest oder als erwachsene Frau, als erwachsener Mann, die / der selbstbewusst in sich ruht?

(Wie) hat sich deine Stimme im Laufe des Lebens verändert?

Wie ist deine Stimme, wenn du dich souverän und selbstbewusst fühlst? Was passiert dabei in deinem Körper?

Heike Frank

Übung XII – Meine Stimme

Diese Übung kannst du gut zu zweit machen, oder du nimmst dich selbst auf und hörst dir deine Stimme auf diesem Wege an.

Spiele mit deiner Stimme, indem du alleine oder zu zweit einen einzigen Satz oder eine Alltagssituation mehrmals in verschiedenen Stimmungen wiederholst. Zum Beispiel den Satz: »Das gefällt mir gar nicht«. Oder einfach das Wort »Nein«. Oder »Ja«. Spiele mit deinen Ausdrucksmöglichkeiten. Rede anfangs ängstlich, dann wütend, als nächstes fordernd, zaudernd, unsicher, neidisch, lustvoll, verärgert, freudig, eifersüchtig, provozierend, überheblich, arrogant … Probiere dich aus und höre dir deine Stimme an. Wie nimmst du deinen Atem dabei wahr, deine Stimmtiefe und Stimmhöhe, die entstehenden Schwingungen, die sich in dir ausbreiten, und beachte beim Ausprobieren die Wirkung auf dein Wohlbefinden.

Fruchtbarkeit

Momente der Wehmut
sind stille Begleiter
mancher Frauen und Männer,
denken sie an ihre Kinderlosigkeit.
Ohne eigene Kinder zu leben
ist vielleicht
das Resultat eigener Entscheidung
oder Bestandteil des hinzunehmenden Schicksals
oder Ergebnis nie erlebter Sehnsucht.
Warum hast du Kinder? – Wird nie gefragt.
Du hast keine Kinder?
Eine Frage, die vieles auslöst:
Rechtfertigung, Trauer, Hadern
aber auch
Zufriedenheit, Klarheit, Gelassenheit.
Folgen eines oft tiefen persönlichen Prozesses,
begleitet von Ritualen des Loslassens,
des Abschieds.
Was kann ich statt eigener Kinder gebären?
Welche Früchte trägt mein Leben?
Was macht mich aus,
gerade weil ich keine Kinder habe?
Die Tür zu einem Weg ist zu!
Du kannst vor der verschlossenen Türe ausharren,
daran rütteln, dagegen treten,
Jahr für Jahr
oder deinen Blick schweifen lassen,
ihn weiten
und die wunderschönen Türen wahrnehmen,
die dir offenstehen.

Horst Hundemer

Wie geht es dir mit dieser Thematik? Hast du sie für dich abgeschlossen oder erlebst du sie wie eine Wunde?

Falls dir diese Thematik nahegeht und dein Herz berührt: Was brauchst du, damit die Wunde sich schließen darf und vernarben kann?

Welche wunderschönen Türen stehen offen für dich?

Zwiespalt

Natürlich kannst du NEIN sagen
möchtest aber niemanden verletzen
und vermeiden,
dass Andere von dir denken
du seist »egoistisch«.
Also sagst du häufig JA und hältst dir die Ohren zu
vor deiner protestierenden inneren Stimme
die in dir vergeblich um Gehör bettelt und schreit:

> Ich will heute nicht arbeiten, hab zu starke Kopfschmerzen
> Ich kann die Aufgabe nicht auch noch übernehmen
> Ich bin so müde, möchte nicht weggehen
> Ich brauche Zeit für mich und keine Gesellschaft
> Ich will da jetzt nicht hin, ich könnte kotzen

Das NEIN zu dir selbst geht ganz leicht.
Ist es so?
Sagst du NEIN zu deinen eigenen tiefsten Bedürfnissen und
gibst damit freiwillig die Schlüssel zu deinen Seelenräumen ab?
Warum?
Um anderen zu gefallen? Immer stark zu sein?
Oder um gesehen zu werden?
Glaubst du, du bist nicht liebenswert
wenn du dich mit deinen Grenzen zeigst,
deine Würde beschützt
und aufrichtig sagst, was du denkst und fühlst?

Nimmst du wahr, wenn du etwas gegen deine innere Überzeugung machst? Wie geht es dir danach?

Erinnerst du dich an Momente in deinem Leben, wo du völlig zu dir gestanden hast, egal, was andere dir geraten haben?

Wie sehr hast du ein Gefühl für deine innere Stimme, deine innere Weisheit, der so liebevoll dein Wohl am Herzen liegt?

Was fällt dir leichter: Ja zu sagen? Nein zu sagen?

Was praktizierst du mehr?

Martin Jäger / pixelio.de

Eine feste Burg

Mancher Leib ist geschützt wie eine Festung
wurde jahrelang, vielleicht jahrzehntelang zugebaut
mit dicken Mauern.
Jeder Stein verstärkte das Gefühl
von Sicherheit
und Rettung vor Verletzungen, Kränkungen
– vor Gefahr.
Mit dem Einzug in dieses stetig wachsende Körperhaus
herrschte wunderbare Ruhe.
Endlich Zuhause im eigenen Schutzraum.
Die Festung sicherte das Überleben,
vor jedem giftigen Pfeil schnellten Zugbrücken hoch,
Fensterläden schlugen zu.
So lässt sich manch Kriegszustand überleben.
Und heute?

Vielleicht stellst du fest,
dass auch das Gute an den Mauern abprallt.
Freundlichkeit, Zuneigung, Vertrauen
stehen vor verschlossenen Türen.

»Du siehst so toll aus« – »Ich doch nicht!«
»Das steht dir gut« – »Ach, hat nur 15 Euro gekostet.«
»Ich hab dich lieb« – »Das sagst du nur. Ich kann das nicht glauben.«
»Das machst du gut« – »Naja, wen meinst du?«
»Ich will mit dir leben, lieben, lachen« – »Hilfe« (»das kann ich nicht«).

Wie viel Mut erfordert es,
das Gute und Positive zuzulassen,
es zu glauben, einzuatmen,

zu vertrauen
und innere Fenster zu öffnen.
Oder darf es leichter sein, Verletzungen auszuhalten
als ein Streicheln und liebevolle Worte?
Darf es leichter und vertrauter sein, im Kriegszustand
zu erstarren
statt mit jedem Einatmen
neue Wärme durch die Festungsräume fließen zu lassen,
harten, dicken Mauern
beim langsamen Schmelzen zuzuschauen
und der wachsenden inneren Lebendigkeit
viel viel Platz und Licht zu geben.

Wie reagierst du auf Wertschätzung, Lob, Worte der Zuneigung?

Wie auf Kritik?

Womit kannst du leichter / besser umgehen? Oder was ist dir vertrauter?

Versuche alles Freundliche, Liebevolle, was dir gesagt und gezeigt wird, einzuatmen, dich dafür zu öffnen und einfach DANKE zu sagen. Lass das Gute dich durchfluten, lass dich davon berühren, selbst wenn die Dosis erst ganz klein ist, die du aushältst. Nimm wahr, was dies mit dir macht.

Wie sehr kannst du dich für eine Beziehung öffnen?

Was verbindest du mit Nähe?

Übung XIII – Das Kind in mir / Kinderbild

Suche ein Kinderbild von dir, das dich berührt. Und dann schau das kleine Mädchen / den kleinen Jungen liebevoll an. Vielleicht ist das Kind sehr geliebt und geschützt aufgewachsen, vielleicht hat es aber auch einiges durchgestanden … das auf dem Bild bist du! Das Kind ist bis heute in dir verleiblicht und hat dir zu deinem einzigartigen Lebensweg verholfen. Vielleicht zu einem Weg mit Umwegen, Sackgassen oder vielen spannenden Wegeindrücken – es ist dein ureigener Weg.

Lasse dir Zeit und spüre, ob du dem Kind etwas sagen oder über eine Geste oder Berührung etwas ausdrücken möchtest. Ohne dieses Kind und all das, was es bewältigt hat, würde es dich heute nicht geben. Kannst du dem kleinen Mädchen oder dem kleinen Jungen sagen: »Wie schön, dass es dich gibt«, »ich bin so froh, dass es dich gibt«, »ich bin so froh, dass du ein Mädchen bist« oder »ich bin so froh, dass du ein Junge bist« … vielleicht bekommst du eine Idee, was diesem Kind gut getan hätte … spielen, rumtoben, kuscheln, lachen … zeig dem Kind, dass es heute bei dir dies alles erleben kann und es sicher und geborgen bei dir ist.

Hilflos

Ich reibe mich an nicht nachvollziehbaren Grenzen
wüte
weine
will Mauern bewegen
Berge versetzen
um Leid zu verhindern
und scheitere.
Diese Hilflosigkeit zu akzeptieren
ist mir kaum möglich.
Mein Kopf kann es
mein Herz aber tobt
sucht nach neuen Wegen
zu helfen
zu verändern
und rennt wieder gegen
aussichtslose Wände
blutet vor Trauer.
Wissen, Fähigkeiten,
Energie, Schaffensdrang verpuffen
angesichts der durchsickernden Erkenntnis
»Ich kann nichts machen«.
Meine Hilflosigkeit akzeptieren?
Unfassbar schwer!

Gerade Helferinnen und Helfer, Menschen, die gerne unterstützen, Probleme mit Energie angehen und Lösungen erfolgreich suchen können, finden oft keine Grenze im Umgang mit Situationen, die nicht durch sie veränderbar sind. Diese Menschen müssen die neue Erfahrung machen, nichts tun zu können.

In welchen Situationen hast du vielleicht schon einmal deine Hilflosigkeit akzeptieren müssen und aufgehört, nach nicht zu findenden Lösungen zu suchen? Die Akzeptanz der Hilflosigkeit als Lösung zugelassen.

lichtkunst.73 / pixelio.de

Traumsignale

Wie lange schon
quälte sie sich mit Zweifeln an ihrer Ehe
hatte sich oft morgens klar für die Trennung entschieden
um abends wieder in Unsicherheit und Ängste zu stürzen.
Was für ein Hin und Her!
Angestrengt,
zermürbt
von Schwindel geplagt
wankte sie durch ihr vernebeltes Leben.

Bis ein Traum ihr die Augen öffnete:
Sie sah sich selbst
nachts heimkommend von einer Reise
auf ihr Zuhause zugehen.
Entspannt näherte sie sich dem beleuchteten Haus,
blickte durch die Fenster hinein
und sah eine wunderschöne lange Tafel
festlich gedeckt.

Um ihren Tisch herum saßen Freunde, Bekannte,
Fremde und ihr Mann.
Gelächter drang zu ihr nach draußen.
Tiefer Frieden und Erkenntnis breitete sich
    wellenförmig in ihr aus
als sie ganz deutlich sah:
alle Stühle waren besetzt,
für sie war kein Platz frei.
Die Runde war komplett – ohne sie.
…

Sie erwachte aus dem Traum
und konnte endlich gehen.

Marita Hundemer

Erinnerst du dich an deine Träume? Hat dir ein Traum schon einmal geholfen?

Wenn du Träume nicht wahrnimmst oder erinnerst, lege Papier und Stift neben dein Bett und schreibe Traumfetzen direkt auf.

Wenn du in einer Situation feststeckst – wünsch dir einen Traum!

Zeitlos

Der beschützende Klostergarten
in Griechenland
aus der Zeit gefallen
Gegenwart und vergangene Jahrhunderte verschmelzen
Fette Katzen streichen Besuchern um die Beine
Gedanken verschwinden
innerer Raum entsteht
weitet sich
meine Seele setzt sich nieder
welch ein kostbares Gefühl
nichts zu brauchen
alles zu haben –
Ruhen im Hier und Jetzt
getragen von archaischen Fundamenten
wortlos
zeitlos
satt
erfüllt mit Zufriedenheit
und Glück.

Übung XIV – Ort der Zufriedenheit

Schließe die Augen und reise an einen Ort großer Zufriedenheit ... in der Fantasie ist alles erlaubt... gestalte dir diesen Ort so schön, so entspannend wie du es möchtest ... falls du einen solch wohltuenden Platz erinnerst, gehe dorthin ... schau dir genau an, wie es dort aussieht, wie es duftet, was du schmeckst und spürst ... fehlt noch etwas, um dich völlig zu entspannen? ... ergänze es ... und wenn du wirklich angekommen bist, atme tief durch, spüre, wie du dich mit jedem Atemzug innerlich verbreiterst, dich verlangsamst und Gewicht an die Erde abgibst ... mache tiefe Atemzüge und genieße deinen Ort der Zufriedenheit ... bleibe so lange dort, wie du magst ...

Wenn du das Erholen an deinem inneren Ort der Zufriedenheit genießen kannst, stell dir vor, dass du ganz viel Licht und Leichtigkeit einatmest und Schwere ausatmest, an die Erde abgibst. Nimm wahr, was dadurch in dir passiert ...

Fünf Minuten können anfangs schon lang sein, wenn die innere Unruhe groß ist. Wenn dem so ist, dann gehe anfangs mehrmals nur kurz an diesen Ort, setze dich nicht unter Druck, dort direkt lange bleiben zu müssen. Manchmal hält man das Gute nicht aus, weil es so unvertraut ist. Unruhe ist leider oft vertrauter als Ruhe ...

Ich will alles

Die Welt stand ihm offen
überall einladende Türen
die ihn lockten.
Ich könnte Politik studieren
nein, ich will Kunstschreiner werden
oder doch was mit Marketing
oder in die Firma meiner Eltern einsteigen
oder doch Musiker …
oder erst reisen …
mir gefällt das alles!!
Seine Beziehungen waren kurz
manche sogar parallel
mit wunderbaren Menschen
von denen es aber so viele gibt.
Oh da ist noch eine Möglichkeit,
noch eine Tür
ich will sehen, was dahinter ist
und durch die Tür daneben möchte ich auch.
So viele Chancen
die Fülle seiner Möglichkeiten ließ ihn verzweifeln
erschöpft innehalten – ein ihm so fremder Zustand.
Vertraut war der Kick des suchtmäßigen Suchens
auf Dauerreise im Suchen
immer hungrig und getrieben
immer bereit für das Neue
bindungslos im endlosen Angebot der offenen Türen.

Horst Hundemer

Türen zuzuschlagen war neu.
Vorsichtig schließt er die erste Tür
genießt staunend die Vibrationen und die Weite des veränderten Raumes.
Er beginnt zu verzichten um Freiheit zu gewinnen …

Geht das? Hast du schon einmal auf etwas verzichtet und an Freiheit und Zufriedenheit gewonnen?

Übung XV – Mein Rosenbusch

Lass dir eine Stunde Zeit, komme zur Ruhe, schließe die Augen … mache einige tiefe Atemzüge … und dann lass vor deinem inneren Auge einen Rosenbusch auftauchen … bleibe immer bei dem ersten Bild, das in dir erscheint … gib dir Zeit … mal tauchen Bilder schnell auf, dann wieder nicht … wenn du dann einen Rosenbusch vor dir siehst, schau ihn dir genau an … wie sieht er aus … welche Farben fallen dir auf … hat er Knospen und Blüten … wie ist der Boden, in dem er wächst … wie sind seine Wurzeln … hat er Dornen … wenn du mit Abstand auf ihn schaust, wo wächst er eigentlich … steht er in einem Vorgarten, steht er auf einer Lichtung oder am Meer … alles ist möglich, es ist dein Rosenbusch, nimm einfach alles wahr, was dir auffällt … wie sieht der Platz aus, an dem er wächst … wie geht es ihm wohl an diesem Platz … welche Jahreszeit erlebt er gerade … und dann schau dir den Rosenbusch noch einmal von allen Seiten und voller Neugier an … fällt dir noch etwas auf, was nicht gefragt wurde … und nun lass dein inneres Bild noch einige Zeit auf dich wirken, bis du bereit bist, deinen Rosenbusch zu malen …

Dies ist eine alte, klassische Übung der Gestalttherapie, deren Sinn es ist, wahrzunehmen, dass alle deine inneren Bilder natürlich etwas mit dir selbst zu tun haben und Ausdruck deiner Seele sind. Niemand außer dir hat genau dieses Bild von deinem Rosenbusch, und damit spiegelt er etwas von dir selbst wieder und zeigt dich in deiner Einzigartigkeit.

Wenn du magst, wende dich nun deinem Bild zu und frage dich neugierig:

Was berührt mich an dem Bild?

Was fällt mir besonders auf?

Was hat der Busch mit mir selbst zu tun?

Was bräuchte er … was bräuchte damit ich selbst …?

Nimm die Einzigartigkeit deines Bildes wahr und lass es auf dich wirken.

Vielleicht stellst du verwundert fest, wie sehr der Rosenbusch deiner Lebenssituation entspricht.

Der Frühling

Das Leben springt aus der Erde
biegt sich der Sonne entgegen
dehnt und streckt sich
mit seufzend geschlossenen Augen
im Wind.
Die Wärme kriecht langsam in jede Ritze,
erhitzt die letzten Schlafenden
einfach nur sein –
leben dürfen –
schmerzhaft schön.

Heike Frank

Verlorener Zwilling – unbewusste Suche

Ihr Herz schlug nicht allein im Bauch der Mutter
das Leben begann zu zweit
nur für wenige Wochen
bis die Zwillingsschwester oder der Zwillingsbruder
den gemeinsamen Weg ins Leben verließ
und starb.

Innige Nähe
verschlungene Körper
grenzenlose Geborgenheit
bestimmten diese ersten Lebenswochen …
dann große Leere und erste tiefe Hilflosigkeit,
Geburt des Gefühls von Verlust
helfen wollen und nicht können.
Ohne Wissen der Mutter
ohne eigene bewusste Erinnerung –
aber der Körper speicherte jeden Moment
sein Gedächtnis behütet alle vom Zwilling
hinterlassenen Spuren.

Vielleicht kennst du diese stille Ahnung:
Ich habe etwas verloren
und verstehe doch nicht: was?
Ich spüre den Verlust
und weiß nicht, was ich vermisse …

Eine leere Stelle im Da-Sein
Melancholie als Lebensbegleiterin
vom Totenreich fasziniert
sehr lebendig
und doch verbunden mit den Toten.
Ausgestattet mit einer allumfassenden Lebenssehnsucht
nach dieser nie wieder erreichten Nähe und Geborgenheit.
Ein Leben voller Intensität
ausgestattet mit mystischen Antennen
und hochsensiblen Wahrnehmungsfähigkeiten
als Folge des so frühen Verlustes.

Alexandra Bucurescu / pixelio.de

Es ist eine vielen Menschen unbekannte Tatsache, dass zahlreiche Schwangerschaften als Zwillingsschwangerschaften beginnen und ein Kind im Laufe der ersten Wochen stirbt. Der Mutter ist der Verlust eines Kindes meist nicht bewusst.

Bei dem überlebenden Kind hinterlassen diese wenigen Wochen des Zwillingsdaseins tiefe Spuren.

Ohne bewusstes Wissen erinnert der Leib sich noch Jahrzehnte später an die Verlust-Erfahrungen der ersten Wochen im Mutterleib.

Sich des verlorenen Zwillings bewusst zu werden, kann große Entlastung und neues Verstehen in das eigene Leben bringen.

Kennst du das Gefühl, nicht wirklich in deinem Leben angekommen zu sein? Dich oft nicht zugehörig zu fühlen? Beschäftigen dich mystische Themen, denkst du viel über den Tod nach?

Was löst überhaupt der Text »Verlorener Zwilling« in dir aus?

Da-Sein

Was bin ich dem Leben dankbar
in meinen tiefen Tiefen gestrandet zu sein
Heimatgefühle empfindend
statt Bodenlosigkeit
Ich fühle mich getragen
spüre Halt unter meinen Füßen
wie unglaublich beglückend.
Jahre des Kämpfens
Jahre des Suchens
aufreibende Leidenszeiten
schenken mir Sinn
münden sie doch
in MEIN LEBEN
einfach in mein SEIN.
Unendliche wunderbare Weite öffnet sich in mir
Verbindung zum Himmel
Verbindung zur Erde
Ich verschmelze
mit dem Leben um mich herum
und mit dem Leben in mir
bin in mir und in dir
Teil des großen Ganzen
gehöre dazu
einfach weil ich bin.

Wenn du dir dein Leben anschaust: was hast du alles bewältigt?

Was hat dich viel Kraft gekostet?

Wie bist du wieder zu Kräften gekommen? Was hat dich gestärkt?

Wann empfindest du eine Verbindung zum großen Ganzen? Wie fühlt sich dies für dich an?

Heike Frank

Übung XVI – Die weise Frau in dir / der weise Mann in dir

Für Frauen: Stell dir vor, du schaust als ganz weise, zufriedene alte Frau auf dich, so wie du heute bist.

Mit welchem Gefühl schaust du auf dich selbst? Was möchtest du der jüngeren Frau aus der lebenserfahrenen Perspektive gerne sagen?

Wie geht es dir aus heutiger Sicht mit den Worten der alten weisen Frau? Was machen diese mit dir?

Für Männer: Stell dir vor, du schaust als ganz weiser, zufriedener alter Mann auf dich, so wie du heute bist.

Mit welchem Gefühl schaust du auf dich selbst? Was möchtest du dem jüngeren Mann aus der lebenserfahrenen Perspektive gerne sagen?

Wie geht es dir aus heutiger Sicht mit den Worten des alten weisen Mannes? Was machen diese mit dir?

Im Fluss

Was für ein schönes Gefühl
zu geben
dich zu beschenken
dich zu berühren
zu umarmen
dich zu lieben
zu trösten
zu halten
dich zu sehen
mit offenem Herzen.

Was für ein schönes Gefühl
zu empfangen
beschenkt zu werden
berührt
umarmt
geliebt
getröstet
gehalten
wirklich gesehen zu werden
von Herz zu Herz.

Wie geht es dir damit, wenn du mit Liebe beschenkt wirst?

Wenn dein Gegenüber deine Schönheit und deine Einzigartigkeit sieht und sich tief daran erfreut?

Kannst du es annehmen? Zulassen?

knipseline / pixelio.de

Übung XVII – Herzensmeditation

Nimm dir Zeit und schließe die Augen … spüre deinen Atem … die Bewegungen deines Körpers durch die Atmung … deine Bauchdecke hebt sich sanft beim Einatmen, senkt sich wieder beim Ausatmen … eine kleine Pause entsteht, bis der nächste Atemzug dich wieder erfüllt … spüre, wie du ruhiger wirst … und nun stell dir vor deinem inneren Auge eine weiße Leinwand vor … es ist, als ob du vor einer Leinwand stehst oder sitzt und neugierig bist, was dort gleich auftauchen wird … langsam erscheinen nun nacheinander die Gesichter der Menschen, die du liebst, die Menschen, denen du Liebe senden möchtest … nimm wahr, wer alles auf der Leinwand abgebildet wird und spüre und sende deine Liebe … vielleicht tauchen neben Menschen auch Tiere oder Pflanzen auf … spüre und sende deine Liebe … bis die Leinwand wieder leer wird … ein Moment des Nachwirkens und Innehaltens … und nun erscheinen auf der Leinwand die Menschen, die DIR Liebe senden … die Menschen, die dich liebevoll anschauen … vielleicht tauchen auch wieder Tiere und Pflanzen auf … sei einfach neugierig, wer oder was erscheint … und atme die Liebe ein … bis die Leinwand wieder einen Moment leer wird … zum Nachspüren und Innehalten … und nun erscheint auf der Leinwand auf einmal ein Bild von dir … schau mit liebevollem Blick zu dir selbst … lass deine Liebe zu dir fließen … und spüre die Liebe, mit der die Frau oder der Mann auf der Leinwand dich anschaut … nimm den Fluss der Liebe wahr und atme ihn ein …

Keine Zeit

Mein Leben verstreicht
dehnt sich aus zwischen Geburt und Tod.
Worauf blicke ich zurück?
Was mag noch vor mir liegen?

Ich beobachte Menschen
im Sog der Selbstoptimierung
alles aus sich herausholen wollend
immer effizient sein
keine Funktionsstörung erwünscht
Krankheit, Stimmungsschwankungen,
Ruhebedürfnis, Schlafen –
alles lästige Hindernisse
Erfolg, Erfolg, Erfolg …
Innehalten als Zeitverschwendung
Im hohen Tempo ins erstrebte Glück
Oder mit 180 gegen die Wand?

Was ist für dich ein erfolgreiches Leben?

Übung XVIII – Collage – Ich lerne mich kennen

Gestalte eine Collage mit allem, was dich ausmacht. Schaue durch Zeitschriften, Fotos, Bücher, Filme, was auch immer dir einfällt. Lass dich treiben, inspirieren und finde heraus, was dein Herz berührt. Sollte der Verstand sich einschalten und manche Dinge blockieren wollen, nimm es wahr und finde ein Symbol für deinen Verstand oder Kopf. Und gehe weiter auf Spurensuche nach dich berührenden Fotos, Texten, Symbolen …

Rainer Sturm / pixelio.de

Mein Seelenhaus

In meinen Händen halte ich ihn endlich
den Schlüssel zu meinem Innersten,
meinem Seelenhaus.
Wie erleichternd, ihn zu besitzen
wie energetisierend der Wunsch
mein Innerstes verteidigen zu wollen
wie ergreifend die Erfahrung
mein Seelenhaus beschützen zu können.

War es doch in meiner Kindheit
ein Haus mit weit offenstehenden Türen
durch die jeder ein und aus ging,
ungefragt
immer vermeintlich für mich wissend
was richtig und falsch ist
was ich denken, fühlen oder tun soll.

Ich war ohne Hausrecht
schlüssellos
den Besuchern und Besetzern ausgeliefert.
Meine Würde zerfloss amöbenhaft
war ungeschützt.
Wer bin dann ich?

Der Schlüssel verschmilzt im Moment mit mir
bin ich doch heute voller Kraft
auf mein inneres Zuhause aufzupassen
den kostbaren Raum
Hüter meiner inneren Weisheit.

Kannst du deine Würde beschützen?

Wie gut passt du auf dich auf? Erinnere dich an Momente, in denen du dich behauptest hast, »Rückgrat« gezeigt hast.

Wo in deinem Körper wohnt deine innere Weisheit, deine tiefste innere Wahrheit? Falls sie weit weg ist, darf sie sich dir nähern? Kannst du dir vorstellen, sie kennen zu lernen und auf sie hören zu wollen?

Horst Hundemer

Übung XIX – Brief an mich selbst

Schreibe dir einen Brief. Tue dies, als ob du einer sehr guten Freundin, einem sehr guten Freund voller Liebe und Wertschätzung alles mitteilst, was du an ihr/ihm magst, was du an Reifungsschritten, an bewältigten Krisen, an wunderbaren Lebensereignissen und an Sinn in ihrem oder seinem Leben erkennst.

Erzähle dir selbst von deiner Entwicklung, von deinen Lebensschritten und grundlegenden Erfahrungen, die dein Leben bestimmt und dich zu dem Menschen gemacht haben, der du heute bist. Mache dir in diesem Brief bewusst, was du alles bewältigt hast, an was du gewachsen bist und dass kein Lebensschritt selbstverständlich war und ist. Schreibe dir selbst aus dem Herzen heraus und erkenne, wie liebenswert und einzigartig du bist, mit all deinen unverwechselbaren Ecken und Kanten.

Lies dir selbst später den Brief laut vor oder lass ihn dir von einem Menschen deines Vertrauens vorlesen.

Martin Fochler

Gegenwart

Tauche ich ein in den gegenwärtigen Moment
höre ich auf einmal Vogelgezwitscher
das Pfeifen des Windes
der das Laub von den Bäumen fegt.
Die Vögel scheinen sich zu unterhalten
über viele Baumwipfel hinweg.
In der Ferne bellt ein großer Hund.
Einzelne Sonnenstrahlen krabbeln
durch die fette Wolkendecke
erhellen meine Novemberstimmung.
Das Feuer im Kamin knistert
während der Wind in den Ofenrohren tobt
und den Flammen zusätzlich Zunder gibt.
Tiefe Ruhe breitet sich aus in mir
Gedanken klopfen an und ziehen weiter
die Zeit vergeht
und steht doch still
durch das Fließen mit der Gegenwart.

Was nimmst du alles wahr …… jetzt im Moment ……
halte inne und nimm wahr …

Wie oft bist du mit deinen Gedanken in der Vergangenheit oder in der Zukunft? Wie sehr bist du im Gespräch mit Mitmenschen wirklich »da«? Mit all deinen Antennen im Hier und Jetzt? Du kannst es spielerisch überprüfen: mit wie viel Aufmerksamkeit und Achtsamkeit bist du jetzt im Moment in der Gegenwart (zwischen 0 und 100 Prozent)? Oder ist es dir vertraut, vielleicht innerlich schon beim nächsten Termin zu sein, beim summenden Smartphone oder beim Grübeln über Aufgaben, die später vor dir liegen?

Andreas Hermsdorf / pixelio.de

Lebensschritte einer Freundin

Wir führen offene und intensive Gespräche
voller Vertrauen
kennen große Nähe und auch viel Distanz
sind aber immer da geblieben
im Leben der Anderen
seit 25 Jahren
im selbstverständlichen Fluss der Freundschaft.
Trotz manch langer Pause
nehmen wir den losen Faden problemlos wieder auf
verbinden ihn mit dem Heute.
Ich kenne dich – und doch auch wieder nicht.
Wie lange weiß ich schon um den Zustand deiner Ehe
nahm mit offenem Mund wahr
welches Leid du erlebtest
und es hinnahmst.
Im Licht, nach außen, die dynamische Geschäftsfrau,
die Familie und Familienbetrieb managt,
ein spannendes Leben zu führen scheint,
im Dunkeln eine ganz andere Frau,
traurig, ängstlich, verunsichert, voller Tränen,
der destruktiven Ehe scheinbar ausgeliefert.
In seltenen Momenten stelltest du mir diese Frau vor
schobst sie aber rabiat und schnell wieder weg
um dein vertrautes Leben leben zu können.
Zu stark war das innere Verbot: keine Trennung.
Krankheitsängste wuchsen
gleichzeitig
Sehnsucht nach Krankheit
als vermeintliche Ausstiegshilfe.

Erstarrt, erniedrigt
beladen mit dem jahrtausende alten auf Frauen lastenden Druck
den eigenen Weg den Bedürfnissen von Mann und Kindern
unterordnen zu müssen.
Als studierte und reflektierte Frau
unbewusst und bewusst
gefangen im quälenden Zwiespalt
und doch die erahnte Herzenskraft und
Stärke der inneren Weisheit
ersehnend
bekämpfend
ersehnend
bekämpfend …
und auf einmal:
Sind es die alles umwälzenden hitzigen Wechseljahre
und das Wissen um die eigene Endlichkeit,
ist es die nie verstummte Sehnsucht
den eigenen Weg finden zu wollen
die deinen vulkanausbruchartigen Mut verursachten
und dir helfen
die alte Erstarrung und Ohnmacht abzuschütteln
und zu fliegen.
Wie schön und berührend
dich wachsen zu sehen.
Mögest du deiner Seele den Raum geben
den sie verdient
und der dich zufrieden und frei werden lässt.

Was bedeuten dir Freundschaften?

Hast du gute Freundinnen oder Freunde? Was zeichnet sie aus? Was verbindet euch?

Was macht dich selbst zu einer guten Freundin oder zu einem guten Freund?

Falls du keine tiefen Freundschaften hast: warum nicht? Bist du enttäuscht worden? Was ist passiert? Oder warum legst du vielleicht gar keinen Wert auf Freundschaften?

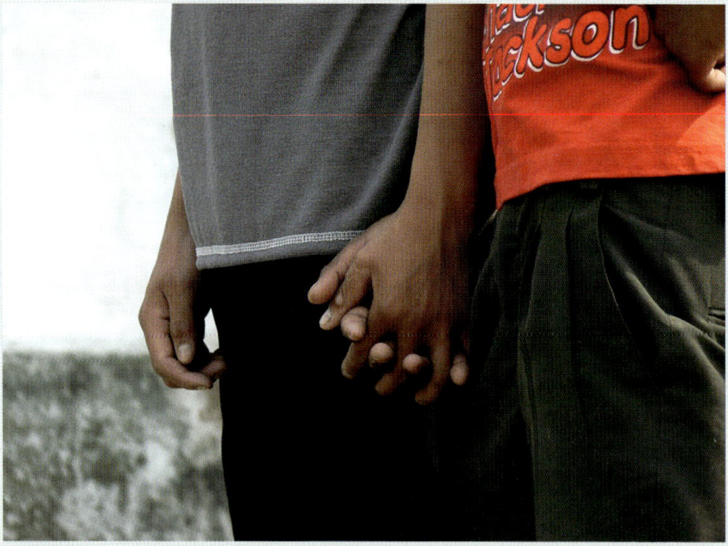

Dieter Schütz / pixelio.de

Leuchten

Darf es sein sich zu entpuppen
der eigenen Herzensstimme zu folgen
Potenziale ins Licht zu gebären
sie nicht länger einzusperren
dem angepassten unauffälligen Leben zuliebe.
Was hindert uns daran
den Mantel der Selbstunterdrückung abzustreifen
und sichtbar zu werden
die eigene Strahlkraft zuzulassen
durch das Öffnen und Ausleuchten des Schattenreiches.
Wie ein Maulwurf jeden Winkel durchwühlen
versteckte Sehnsüchte freilassen,
versteckte Lebensfacetten drängen ins ersehnte Licht!
Der innere Vulkan wird angeheizt
lässt neu gewonnene Erregung explodieren.

Mit weit ausgestreckten Armen im Seelensturm
regelrecht erschüttert durch die freigesetzten Energien
die die alten Grundsteine gerinnen lassen
und du dich im Füllhorn strahlender Farbenpracht
wiederfindest.

Stellst du dein Licht unter den Scheffel?

Hältst du es aus, wenn es dir richtig gut geht?

Neigst du dazu, das Gute kaputt zu machen oder den Zustand nicht spüren zu wollen?

Welche Fähigkeiten und Potenziale lebst und zeigst du nicht? Und welche davon liegen dir eigentlich sehr am Herzen?

Welche Seiten von dir willst du vielleicht gar nicht ernst- oder wahrnehmen?

In wessen Gesellschaft machst du dich kleiner?

Wann fühlst du dich richtig groß und freischwingend in deinem So-Sein? Wann freust du dich an dir selbst?

Bernd Kasper / pixelio.de

Übung XX – Licht und Schatten

Nimm dir zwei große Blätter, eines für deine Lichtseite, eines für deine Schattenseite.

Stell dich auf die Lichtseite, stell dir vor, du stehst im Sonnenlicht und nimm dich wahr: Was zeigst du anderen Menschen von dir, welche Fähigkeiten, welche Eigenschaften und vor allem: welche Emotionen? Manche Menschen möchten immer freundlich und gut gelaunt wahrgenommen werden. Was zeigst du von dir?

Stell dich nun auf deine Schattenseite und nimm wahr, wie es dir dort geht. Was verbindest du mit dieser Seite? Welche Eigenschaften? Welche Fähigkeiten? Welche Gefühle versteckst du hier? Manche Menschen zeigen nie ihre Wut oder ihre Traurigkeit. Oder ihr Herz.

Und spüre, ob vielleicht auch Lebensträume von dir im Schatten liegen. Gibt es Ideen, die du glaubst, nicht leben zu können, Potenziale, die hier ihre Kraft verlieren? Gibt es etwas, was du anderen nicht zeigen möchtest, aber auch du selbst nicht sehen willst?

Wenn du magst, wechsle mehrmals zwischen Licht und Schatten. Was passiert? Wie geht es dir? Gibt es Wahrnehmungen, die dich verwundern oder neugierig machen?

Was berührt dich?

Vielleicht hast du Lust, deine Licht- und deine Schattenseite zu malen und deine Gedanken aufzuschreiben.

Glück

Mein Herz ist offen
so verdammt verletzlich
und glücklich
erfüllt von Liebe
verbunden mit dir
verbunden mit mir.

Ich will den Zustand festhalten
mit Wiederholungszeichen versehen
um ihn nicht zu verlieren
wohl wissend
dass gerade Loslassen
Leben im Hier-und-Jetzt
tiefste Momente der Berührung
möglich macht.

Innig verbunden
ohne sich aufzulösen
getrennt
ohne sich zu verlieren
wir lassen uns ein
riskieren
und leben das Mögliche …

Wie geht es dir in Beziehungen / Partnerschaften?

Welche Beziehungserfahrungen haben dich geprägt?

Hast du manchmal Angst, dich einzulassen?

Was könnte passieren, wenn du diese Angst loslassen würdest?

In welchen Momenten hast du großes Glück empfunden?

Sabine Fiekens (Chumanie Memory Art)

Wege zur Entlastung und Stärkung

Achtsamkeit und der liebevolle Umgang mit sich selbst sind wichtige Leitplanken in der Bewältigung des eigenen Lebens, im täglichen Umgang mit Freud und Leid. Sich selbst gut zu kennen, übernommene alte Muster zu entdecken, die das Leben im Heute eher lähmen, diese Altlasten verarbeiten zu können, setzt voraus, dass Frau und Mann neugierig auf sich selbst wird.

Es besteht nun ein großer Unterschied, ob du dich auf die Reise der Selbsterkenntnis begibst, also den Mut und die Neugier aufbringst, dich selbst zu erforschen, an Verständnis für dich zu gewinnen oder ob du dem weitverbreiteten Wunsch nachgibst, »geliked« und wahrgenommen zu werden durch die Art und Weise, wie du dich präsentierst und dein Leben darstellst. Der letztgenannte Weg erhöht die Abhängigkeit vom Umfeld, der erste Weg jedoch lässt dich an Handlungsfähigkeit und Kraft gewinnen, an neuem Spielraum in deinem Leben. Sich selbst wirklich zu begegnen, kann tiefe Ruhe und ein Gefühl des Erfülltseins, des Angekommenseins in den eigenen Seelenräumen verbreiten. Und dir dazu bewusst machen, dass es sich alleine mit dir selbst auch sehr gut anfühlen kann.

Statt sich in unzähligen Spiegeln selbstverliebt-narzisstisch und trotzdem einsam zu drehen, kann durch die achtsame und wahrhaftige Begegnung mit dir selbst, mit deinen Potenzialen, deinen Abgründen, deinen Licht- und Schattenseiten, eine tiefere, sinnstiftende Dimension in das eigene Leben einziehen, ein Gefühl von Lebendigkeit und Zufriedenheit, weil du in eine Harmonie mit dir selbst kommst.

Auf diesem Weg kann es nun anfangs aber auch etwas stürmisch werden. Vielleicht hat ein Text oder eine Frage etwas tief in dir berührt und einen Veränderungsprozess angestoßen, z.B. indem du auf einmal mehr träumst. Manche Menschen befürchten dann, von Emotionen überflutet zu werden und nicht mehr »funktionieren« zu können. Einerseits verspüren sie ihre Veränderungssehnsucht, andererseits haben sie Angst vor dem, was da vielleicht in ihnen an Bildern, Gedanken, Gefühlen und Körperreaktionen auftauchen könnte. Und das ist sehr verständlich. Es setzt natürlich in der Regel blockierte Energien frei, wenn man beginnt, sich selbst zu erforschen. Innere Türen gehen auf und es weht ein neuer Wind durch dein Körperhaus, der auch manchmal verunsichern kann.

Wenn du wie ein wunderbarer Bergsee bist, in den etwa genauso viel Wasser hinein- wie auch wieder herausströmt, kann es sein, dass dieser See durch die seelische Arbeit auch einmal Hochwasser bekommen kann, d. h. dass, bedingt durch die neuen Impulse, mehr Wasser hineinströmt als abfließen kann. Diesen Zustand möchte natürlich niemand dauerhaft ertragen. Was könntest du also tun (oder lassen), um Ventile für dein »emotionales Hochwasser« zu schaffen?

Hier kommen einige Anregungen:

- Beginne ein Tagebuch zu führen – ohne dich unter Druck zu setzen, täglich hineinschreiben zu müssen. Aber beginne. Der Blick auf dein Leben kann sich verschieben oder erweitern, wenn du dir immer wieder einmal 15 Minuten Zeit nimmst und aufschreibst, wofür du heute dankbar bist, was dich berührt und gefreut hat.
- Vielleicht schlummert in dir neben oder anstelle des Schreibens das Potenzial zu einem anderen kreativen Ventil, das dein Leben bereichern könnte: Malen, Basteln, Tanzen, Musik machen, Gartenarbeit, mit den Händen in der Erde arbeiten, sich an einem Boxsack austoben, Sport…
- Nutze Ventile, bei denen du aktiv werden musst. Dich passiv berieseln zu lassen, z. B. durch Musik oder Fernsehen, kann eine manchmal notwendige Ablenkung sein, führt aber nicht unbedingt zum Abfließen des Hochwassers.
- Nimm die Natur wahr und spüre deine Verbindung mit der Natur. Setze dich in die Sonne oder mache Spaziergänge voller Achtsamkeit und Neugier.
- Gestalte dir *deinen* Platz oder *deinen* Raum und nimm dir darin Zeit für dich.
- Der Umgang mit Tieren kann eine sehr beruhigende Wirkung haben.
- Wo kannst du dich anlehnen? Bist du selbst immer die Schulter zum Anlehnen? Wo gibt es für dich eine Schulter?
- Nimm dein Krafttier zu Hilfe, nimm es hinter dir wahr und spüre seine Unterstützung.

- Beruhige dich selbst über die Atmung, mache tiefe ruhige Atemzüge mit dem Schwerpunkt auf der langen Ausatmung.
- Nimm über deine Füße die Verbindung zum Boden auf, spüre, wie die Erde dich sicher trägt. Versuche mit dem Einatmen die Füße in den Boden zu drücken, entspanne sie mit dem Ausatmen … drücke sie mit dem nächsten Einatmen wieder in den Boden … setze dies einige Minuten fort. Dies stärkt die Verbindung zur Erde, verschafft dir Bodenhaftung.
- Stärkende Affirmationen können eine wichtige Stütze im Alltag sein. Finde deinen eigenen Satz, der dich durch stürmische Zeiten begleitet. Vielleicht tut dir auch einer der folgenden Sätze gut:
  - Ich passe gut auf mich auf
  - Ich darf Grenzen haben
  - Es wird sich schon eine Lösung finden
  - Ich lasse mir Zeit
  - Ich bin genau richtig so wie ich bin
  - Ich glaube meinem Gefühl
  - Ich darf wütend sein (oder traurig, lustvoll, neidisch …)
  - Ich bin liebenswert und einzigartig
  - Ich bin froh, dass es mich gibt
  - Umwege können mein Leben bereichern
  - Ich bin beschützt
  - Ich lasse das Gute in mich hinein, atme es ein
  - …

- Regelmäßige Meditation hilft sehr, wenn du dich durch die manchmal entstehenden Anfangsschwierigkeiten durchkämpfst.

- Yoga, Qi-Gong, Tai-Chi … stärken die Verbindung zu dir selbst und helfen dir, in deinem Körper mehr und mehr zuhause zu sein.

- Nutze bei Bedarf therapeutische Unterstützung.

- Und manchmal passt der Moment gerade nicht, sich mit aufsteigenden Wahrnehmungen zu beschäftigen. Vielleicht sitzt du in einer Besprechung und hast keine Zeit, dich z.B. mit deinem tobenden inneren Kind zu beschäftigen. Über Jahre hast du vielleicht deine Wut unterdrückt und jetzt taucht sie in den unmöglichsten Situationen auf. Wie damit umgehen? Zu funktionieren ist nun auch eine wichtige Facette der Alltagsbewältigung. Der rumorenden inneren Stimme, die aber vielleicht gerade sehr bewegt ist und gehört werden möchte, kann es helfen, wenn du dieser Seite von dir sagst: »Es tut mir leid, jetzt ist nicht der richtige Zeitpunkt. Aber heute abend oder am Wochenende nehme ich mir Zeit und höre dir zu.« Damit nimmst du dich ernst, verdrängst nicht deine inneren Prozesse, nimmst aber Einfluss auf das Wann, um im Alltag weiter bestehen zu können.

- Lege eine wunderschöne Schatzkiste an. Sammel darin alles, was dir gut tut und Kraft gibt. Fotos, wichtige Erfahrungen, wichtige Affirmationen, einfach Dinge, die dich berühren, dir Freude bereiten, dich erfüllen …

- Wenn du spürst, dass es Zeit ist, etwas loszulassen, dann lasse es los. Dies können alte Gesetze sein, die das Leben im

Heute behindern, dies können Erinnerungen und Belastungen sein, die nicht immer wiedergekäut werden wollen… mache ein großes Feuer und verbrenne diese Belastungen oder wirf sie symbolisch als dicke Steine weg. Nimm dich wahr, wie es dir danach geht.

Um Schritt für Schritt auf dem einzigartigen eigenen Lebensweg weiterzugehen zu können, gibt es noch viele andere Möglichkeiten, die Seele zu entlasten, unnötigen Ballast abzuwerfen, um das Wesentliche zu spüren und zu schätzen. Dies sind nur einige Beispiele. Finde das heraus, was dir gut tut und dich zum jetzigen Lebenszeitpunkt anspricht.

Und nun wünsche ich dir weiterhin viel Freude und Erfüllung auf deiner Lebensreise!

Martin Schemm / pixelio.de